AF569220

Paul Weismantel

# Segensgebete

camino.
gemeinsam auf dem Weg

Paul Weismantel

# Segensgebete für das Jahr – für das Leben

camino.

# Inhalt

# Ein Wort zuvor

»An Gottes Segen ... ist alles gelegen«, so bringt es das Sprichwort sehr treffend auf den Punkt. Segen brauchen wir immer. Bei allen Anfängen und Abschieden, bei allen freudigen und traurigen Ereignissen unseres Lebens. Immer will uns Gottes Segen begleiten. Wir können ihn einander wünschen, erbitten, einander zusagen und voneinander empfangen. Immer sind wir gesegnet, um füreinander zum Segen zu werden.

Es ist wohl eines der schönsten Komplimente, wenn es von einem Menschen heißt, er wurde zum Segen, sein Leben war segensreich; nicht so sehr durch große Aktionen, sondern eher in aller Stille, durch sein Wesen und Wirken.

Auch, wer nicht mehr so viel bewerkstelligen kann durch Alter oder Krankheit, kann durch sein Dasein und Beten ein großer Segen sein.

So wünsche ich, dass die vorliegenden Segens-gebete und Segens-wünsche dazu einladen und ermutigen, mit viel Phantasie und erfinderisch viel Segen zu verbreiten unter den Menschen unserer heutigen Zeit.

IHR PAUL WEISMANTEL

# 1. Gestärkt aufbrechen

# Am Anfang

Am Anfang sprach Gott
sein großes Schöpferwort,
und alles geschah und wurde
so, wie Gott es sich gedacht
hatte und für uns wollte.

Am Anfang schuf Gott
den Menschen nach seinem
Bild und Gleichnis, nach
seinem Ebenbild, damit
er ihn als Partner habe.

Am Anfang schaute Gott
mir in die Augen und
ins Herz und freute sich
an mir, weil ich sein
geliebtes Kind bin.

Am Anfang hat Gott
mit mir einen ewigen Bund
geschlossen, damit er mich hält
und ich mich an ihm festhalte
in allen Jahreszeiten meines Lebens.

Am Anfang hat Gott
mir seine Treue geschworen,
damit ich getrost sein kann
in allen Lebenslagen und
lerne, ihm zu vertrauen.

# Von Gott gerufen

Beim Namen hast du uns gerufen, Herr und Gott,
aus dunkler Nacht hinein ins neue Morgenrot,
mit deiner Liebe hast du uns so tief berührt,
in deine große Freiheit hast du uns geführt.

Gefordert sind wir stark in dieser Umbruchszeit,
jedoch trotz Fragen, Zweifeln,
Ängsten und auch Streit
sind wir bereit, für dein Reich einzutreten,
Zeichen zu setzen für das wahre Leben.

Dein Geist bewegt uns, stärkt uns,
macht uns alle frei,
mit seiner Kraft er für uns Trost und Antrieb sei,
damit wir mutig neue Wege wagen,
trotz Widerstand die Frohbotschaft zu sagen.

Gesegnet und gesalbt von deiner Schöpferhand
sind wir von dir erwählt, berufen und gesandt,
um geisterfüllt die Zukunft zu gestalten,
des Menschen Würde gottgewollt erhalten.

# Neuen Aufbruch wagen

Wer sein Leben täglich
neu unter das Geheimnis
des Kreuzes stellt, erklärt
sich damit bereit zum Aufbruch
in die beständige Nachfolge.

Wer sich von der liebenden
Leidenschaft Gottes leiten lässt,
wählt immer neu den Aufbruch
um des Evangeliums und der
Menschen willen.

Wer aus der Heilkraft
des göttlichen Wortes
schöpft, wird selbst zur
Quelle der Hoffnung und
zum Stein des Anstoßes.

Wer sein tägliches Brot
mit anderen teilt, wird
selbst zum gebrochenen
Brot im Hunger nach
dem wahren Leben.

Wer seine Stimme erhebt
für Verstummte, wer sich
stark macht für Geschwächte,
stellt sich auf die Seite derer,
die mitarbeiten am Aufbau
des Reiches Gottes.

Wer hinter sich lassen kann,
was hinter ihm liegt, und sich
ausstreckt nach dem, was erst
noch kommen wird, stellt sich
in den Dienst dessen, der für uns alle
Weg, Wahrheit und Leben ist.

Wer immer wieder wagt,
neu aufzubrechen, wer seine Hände
faltet oder in den Schoß legt zum Gebet,
setzt sich ein für die größere Ehre Gottes,
die der lebendige Mensch ist.

# Komm, sei mein Licht

Komm, sei mein Licht,
geh mir auf, erleuchte mich.
Bleib mit mir unterwegs,
Schritt für Schritt,
du Gott des Lebens!

Komm mir entgegen,
jeden Tag neu.
Geh mir voraus und
bleib an meiner Seite,
du Gott meines Weges!

Komm, geh mit mir,
durch weglose Wüsten,
im unwegsamen Gelände,
in die ungewisse Zukunft,
du Gott meiner Hoffnung!

Komm, sei mein Halt,
stärk mein Vertrauen,
gib mir festen Mut,
erhalt mich aufrecht,
du Gott der Treue!

Komm, sag mir ein Wort,
gib mir ein Zeichen,
weck meine müden Sinne,
entzünde meine Liebe neu,
du Gott des Feuers!

Komm, sei mein Freund,
hol mich heraus
aus allen Verstecken,
such mich heim,
komm mir zu Hilfe,
du Gott meiner Freiheit!

# Segen sei mit dir

Als teure Verheißung,
wie eine große Kraft
soll Gottes Segen
vor und über dir sein.

Als treuer Beistand,
wie ein Schutzmantel
soll Gottes Segen
dich umhüllen.

Als wahrer Trost,
wie eine tiefe Quelle
soll Gottes Segen
in und mit dir sein.

Als frischer Mut,
wie ein echter Schatz
soll Gottes Segen
dich bestärken.

Als gutes Wort,
wie eine helle Verheißung
soll Gottes Segen
dir sich mitteilen.

Als schönes Geschenk,
wie ein kostbares Gut
soll Gottes Segen
dir sich offenbaren.

Als bleibende Zusage,
wie ein heller Stern
soll Gottes Segen
dich erleuchten.

# Segensreich

Segen will
ein Zeichen
setzen, das
Vertrauen
weckt und
zu mehr
Hoffnung
führt.

Segen will
zu einem Zeichen
werden, das
Trost spendet
und Kraft gibt
für den nächsten
kleinen Schritt.

Segen will
ein Zeichen
wählen, das
weit über
sich selbst
hinausweist.

Segen will
zu einem sichtbaren
Zeichen werden
für alle, die sich
ihm anvertrauen
und sich von ihm
leiten lassen.

Segen will
ein Lebenszeichen
geben, mitten im Alltag,
das zu uns steht,
damit wir einander
beistehen und füreinander
einstehen können.

# Segen wirke

Segen befreie
von kleinlicher
und peinlicher,
ängstlicher
und falscher Sorge.

Segen richte auf
aus allen Niederlagen,
aus Angst und Bange,
aus Scheitern und Versagen,
aus Verzagen und Kleinmut.

Segen erleuchte
die Augen des Herzens,
die Gänge der Gedanken,
das Vermögen der Sinne,
den ganzen Menschen.

Segen schaffe Freiraum
für die Flügel der Seele,
für die Weite des Geistes,
für die Tiefe der Weisheit,
für das Wirken des Schöpfers.

Segen bestärke
den guten Willen,
das erneute Bemühen,
den gewagten Versuch,
die kleinen Schritte.

Segen erneuere
die schleichende Müdigkeit,
die gähnende Leere,
die lähmende Schwere.

Segen verwandle
den nörgelnden Unmut,
den bitteren Groll,
den dummen Stolz.

Segen beflügle
den guten Entschluss,
den festen Willen,
den besten Vorsatz,
jeglichen neuen Mut.

# 2.
# Alles hat seine Zeit

# Lass dich

Lass dich wecken
von den ersten Strahlen
der aufgehenden Sonne,
die sie dir heute widmet.

Lass dich erfreuen
vom frühen Licht
dieses jungen Tages,
durch das dein Schöpfer
dich heute Morgen grüßt.

Lass dich führen
von der Hand Gottes,
durch die er heute dein Geschick
lenken und gestalten wird.

Lass dich überraschen
von den kleinen Lichtblicken,
die dir heute zufallen
aus dem reichen Vorrat
der Vorsehung Gottes.

Lass dich erheitern
von den glücklichen Augenblicken,
durch die der Charme Gottes
dir heute freundlich zulächelt.

Lass dich begeistern
von den erstaunlichen Ideen,
die dir heute zu Ohren kommen
durch die Fügungen Gottes.

Lass dich umarmen
von der Wirklichkeit,
durch die Gott dir heute
begegnen will.

Lass dich begleiten und leiten
von den guten Geistern,
die Gott dir heute über
den Weg schicken wird.

# O ja

O ja, sei gesegnet
mit froher Erwartung,
in der du deinen neuen
Tag beginnst.

O ja, sei gesegnet
mit einem guten Anfang,
der dir geschenkt wird,
indem du ihn wagst.

O ja, sei gesegnet
durch den Schutz der Engel,
die mit dir gehen,
um dich zu behüten.

O ja, sei gesegnet
mit genügend Spielräumen,
in denen der Humor
den Ärger überwindet.

O ja, sei gesegnet
mit reichlich langer Geduld,
durch die du viel mehr
erreichst, als du denkst.

O ja, sei gesegnet
mit Mosaiksteinen des Glücks,
die darauf warten,
dass du sie siehst.

O ja, sei gesegnet
mit Geistesgegenwart,
die dir hilft, Gottes
verborgene Herrlichkeit
zu erahnen und zu verkosten.

# Tag für Tag

Sie sind manchmal
nahezu unendlich lang
oder kurzweilig zugleich,
die Tage jeder Woche,
an denen Gott für dich
sorgt und dich segnet.

Sie kommen dir
so seltsam einsam oder
auch so überglücklich vor,
die Tage deines Lebens,
die dein Gott dir zutraut
und mit dir verbringt.

Sie werden dir
zur willkommenen
Überraschung und
nötigen Unterbrechung,
die Tage deines Glücks,
die dein Gott dir zufallen
und über dir aufgehen lässt.

Sie mögen dir
Frieden bringen und
zum Heil gereichen,
die Tage der Mühsal,
an denen du deinen Gott
suchst und anrufst, ohne
zu wissen, ob und wo
er sich finden lässt.

Sie bilden die Jahre deines Lebens,
die einzelnen Tage und fügen
sich ins große Ganze,
zum wunderbaren Kunstwerk,
das Gott für dich und mit dir
entworfen hat und gestalten will.

# So ist es oft im Leben

Vieles wiederholt sich,
es kommt und geht,
es kehrt wieder,
es dreht und wendet sich.
Wie wird es werden?
Was wird bleiben?

Wir brauchen viel Zeit,
noch mehr Geduld, um
zu warten und zu arbeiten,
um mitzuwirken an guten
Entwicklungen und Lösungen.
Wo sind sie zu erkennen?

Bei allem, was wir zu tun haben,
bei dem vielen, das wir meinen
machen zu müssen, geschieht
vieles von ganz alleine, wie bei
der selbst wachsenden Saat.
Was wir davon lernen?

Es bleibt unser Leben in vielem
ein seltsames Rätsel, ein vielfaches
Geheimnis, ein Zusammenspiel
von verschiedensten Kräften,
das wir nicht ergründen noch
erklären können, dem wir uns
aber öffnen und widmen können.
Ob wir es tun?

# Wunder der Zeit

Immer dann, wenn ein Mensch
sich Zeit nimmt für einen anderen,
geschieht wunderbare Zeitvermehrung.

Immer dann, wenn wir bedenken,
dass die Zeit nicht nur vergeht,
sondern auch immer neu entsteht,
geschieht wunderbare Zeitvermehrung.

Immer dann, wenn uns bewusst wird,
welch eine Gnade es ist, Tag für Tag,
ein Leben lang, genug Zeit zu haben,
geschieht wunderbare Zeitvermehrung.

Immer dann, wenn wir unsere
Zeit nicht nur gut einteilen, sondern
sie mit Gott und miteinander teilen,
geschieht wunderbare Zeitvermehrung.

Immer dann, wenn wir verstehen,
dass Zeit viel mehr bedeutet als das,
was Uhren und Kalender darüber sagen,
geschieht wunderbare Zeitvermehrung.

Immer dann, wenn uns einleuchtet,
wie notwendig und erholsam es ist,
von Zeit zu Zeit eine Auszeit einzulegen,
geschieht wunderbare Zeitvermehrung.

Immer dann, wenn wir darauf achten,
den eigenen gesunden Rhythmus von
Anstrengung und Entspannung zu finden,
geschieht wunderbare Zeitvermehrung.

Immer dann, wenn uns aufgeht, wie
wichtig es ist, Kampf und Kontemplation,
Engagement und Rückzug zu verbinden,
geschieht wunderbare Zeitvermehrung.

Immer dann, wenn wir einander erinnern,
dass wir nicht nur für diese Erdenzeit,
sondern für die Ewigkeit geschaffen sind,
geschieht wunderbare Zeitvermehrung.

# Zum Segen gereichen

Orte und Worte
der Freude, des Leids,
des Sehnens und Betens,
der Hoffnung und Angst
gereichen zum Segen.

Zeiten und Zeichen
der Ruhe, des Schweigens,
der Trauer, des Trostes,
des Wartens und Wachens
gereichen zum Segen.

Hände und Herzen
der Hilfe, der Sorge,
der Treue, des Friedens,
voll Güte und Treue
gereichen zum Segen.

Wunder und Wunden
der Nähe, der Ferne,
des Bangens, des Ringens,
des Sterbens und Werdens
gereichen zum Segen.

Bilder und Lieder
des Glaubens, des Zweifels,
der Fragen, der Klagen,
des Lebens und Dankens
gereichen zum Segen.

Stunden und Tage
des Schweigens und Hörens,
des Staunens und Schauens,
des Glücks und der Not
gereichen zum Segen.

# 3. Bleibende Zeichen

# Freundschaft

Immer ist und bleibt
wahre Freundschaft
ein tiefes Glück,
eine große Gnade,
das schönste Geschenk,
eine unbezahlbare Gabe,
eine lebenslange Aufgabe.

Immer soll Freundschaft
wachsen, sich entwickeln
und reifen im gegenseitigen
Schenken und Empfangen,
Geben und Nehmen,
Teilen und Heilen,
Lieben und Leiden.

Immer besteht Freundschaft
auf dem Fundament des Vertrauens,
aus der Tiefe des Verstehens,
durch die Weite des Wohlwollens,
in der Zustimmung des Verzeihens,
in der Verwandtschaft zweier Seelen,
im Geheimnis der Herzen.

# Der Engel des Herrn

Altehrwürdiges Gebet, in dem
Menschen mitten im Tag
innehalten, um sich an den
Anfang der Menschwerdung
Gottes zu erinnern.

Inniges Gebet, mit dem
Menschen von Maria lernen
wollen, was es heißt, für die
Botschaft des Engels ansprechbar
zu sein und ihr zu trauen.

Hoffnungsvolles Gebet, das Menschen
aufmerksam macht, wie sehr
Glauben vom Hören kommt,
im Gespräch wächst und so
Frucht bringt für andere.

Einfaches Gebet, durch das
Menschen das größte
Wunder betrachten,
das damals geschah, als
das Wort Fleisch geworden ist.

Schlichtes Gebet, das Menschen
pflegen, um das Geheimnis
der immerwährenden Weihnacht
auch in der heutigen Zeit wach-,
in Ehren und heiligzuhalten.

Großes Gebet, in dem Menschen
weit über den eigenen engen Horizont
hinauswachsen, um nicht außer Acht
zu lassen, dass wir mit Christus
sterben und auferstehen werden.

# Segenszeichen

Zeichen des Segens
kann ich empfangen,
wenn ich hellhörig
bin für die leisen
Töne und Klänge,
die Erstaunliches verheißen.

Zeichen des Segens
kann ich setzen,
wenn ich die innere
Hemmschwelle überwinde,
um ohne Vorurteile
fremden Menschen
zu begegnen.

Zeichen des Segens
kann ich erkennen,
wenn ich sehen lerne,
wo Gott höchstpersönlich
zum Vorschein kommt,
wo seine Größe im Kleinen
sich offenbart.

Zeichen des Segens
kann ich weitergeben,
wenn ich möglichst viel
Gutes über andere denke
und erzähle, wenn ich
einfach gut bin, indem
ich Gutes tue.

Zeichen des Segens,
Segenszeichen
kann ich verteilen
jeden Morgen,
jeden Abend,
jeden Tag neu,
auch bei Nacht.

# Wortwahl

Das Ur-wort allen Anfangs,
das große Vorwort,
das gottmenschliche Schöpferwort,
das geheimnisvolle Zauberwort,
das gewaltige Machtwort,
das Ohnmachtswort Liebe,
das gesprochene Gnadenwort,
das erfrischende Grußwort,
das ernste Mahnwort,
das ersehnte Liebeswort,
das leise geäußerte Bittwort,
das geschenkte Dankwort,
das gegebene Ehrenwort,
das gehaltene Jawort,
das ebenso wichtige Neinwort,
die verweigerte Antwort,
das gefährliche Reizwort,
das unverständliche Fremdwort,
das gesuchte Passwort,
das nötige Warnwort,
das getroffene Entscheidungswort,
das geforderte Lösungswort,
das prächtige Lobeswort,

das tröstliche Abschiedswort,
das gültige Vergebungswort,
das göttliche Schriftwort,
meine Ant-wort,
mein Leib- und Seelenwort,
mein Lebenswort,
mein Wortschatz …

# Nachhilfe – Lebenshilfe

Mit einem heiteren Wort
einen freudlosen Menschen
zum Schmunzeln, Lächeln
oder Lachen bringen.

Mit einem hilfreichen Wort
einem verplanten Menschen
einen wertvollen Hinweis
zur Ent-Sorgung geben.

Mit einem tröstlichen Wort
einem ratlosen Menschen
den möglichen nächsten
Schritt aufzeigen.

Mit einem passenden Wort
einen abgestumpften Menschen
aufhorchen lassen und aus der
Reserve in die Zuversicht locken.

Mit einem kritischen Wort
einen überheblichen Menschen
zum Blick in den Spiegel der
Selbsterkenntnis einladen.

Mit einem ernsten Wort
einen gleichgültigen Menschen
auf seine vergessene
Verantwortung hinweisen.

Mit einem guten Wort
einem fragenden Menschen
einen Zugang erschließen
zum Lesen im Buch der Bücher.

Mit einem freundlichen Wort
einem frustrierten Menschen
die Augen öffnen für so viel
Schönes in allernächster Nähe.

# 4. Mutig bejahen

# Wettersegen

Den Wettersegen
beten, um sich
bewusst werden
zu lassen, dass
alles Wachsen
und Gedeihen
nicht unser menschliches
Machwerk ist, sondern
allein von Gott kommt.

Den Wettersegen
sprechen, um das
Bitten nicht zu verlernen
für alles Notwendige, das
wir brauchen wie die Luft
und unser tägliches Brot.

Den Wettersegen
pflegen, um – im besten
Sinn des Wortes – einfach,
demütig und bescheiden
zu leben im Umgang mit
den Dingen des Alltags.

Den Wettersegen
achten und ehren,
um selbst achtsam
zu bleiben für die
unzähligen Spuren
Gottes im Garten
seiner Schöpfung.

Den Wettersegen
andächtig empfangen,
um Gottes verborgene
Gegenwart zu erahnen,
der nicht im Sturm,
nicht im Beben,
sondern im leisen
sanften Säuseln
einhergeht.

# Froh zu sein …

Angeblich brauchen
wir Menschen dafür
gar nicht so viel,
keinen besonderen
Aufwand, keine
außerordentlichen
Anstrengungen,
sondern sehr wenig,
um froh zu sein.

Frohgemut
in den Tag zu gehen,
kostet kein Geld,
sondern braucht
nur den Mut, sich
freuen zu können,
Freude zu entdecken,
Freude zu bereiten.

Kindlich und königlich
froh sind Menschen
jeden Alters, die einfach
die Kunst der Freude üben,
Freude verbreiten,
Freude schenken,
frohen Mut bewahren.

Von Herzen froh zu sein,
ist eine große Gnade,
eine wunderbare Gabe,
ein wirksamer Segen.

# In Gottes Hand

Aus erster und bester Hand
hast du, o Gott, uns deine
Schöpfung anvertraut,
damit wir sie hegen und
pflegen, damit wir sie
bebauen und in ihr wohnen
als dem Haus für alle Völker
und Generationen.

Mit starker und zärtlicher Hand
hast du uns geformt und gebildet,
nach deinem Bild und Gleichnis,
hast uns begabt und ausgestattet
mit wunderbaren Fähigkeiten,
hast uns mit deiner Ehre gekrönt.

Mit kluger und weiser Hand
hast du uns begleitet und bewahrt
in aller Drangsal und Bedrängnis,
hast du uns geholfen und gerettet
aus allen Gefahren des Lebens,
hast du uns befreit und erlöst
aus den Fängen des Bösen.

In die Fläche deiner Hand
hast du unsere Namen geschrieben
für alle Zeit und Ewigkeit,
damit wir bestehen in allem Vergehen,
damit wir aufgehoben sind
im Schoß deines Erbarmens,
im Bund deiner ewigen Liebe.

# Wähle das Leben

So oft habe ich
die Qual der Wahl,
muss ich entscheiden,
muss ich mich entscheiden,
wofür ich einstehen und leben will.

Immer wenn ich
eine Entscheidung
zu treffen habe,
gilt es abzuwägen, zu prüfen, zu
unterscheiden, damit ich mich
richtig und gut entscheiden kann.

Die Aufforderung,
das Leben zu wählen, kann mich
immer neu daran erinnern, dass
es an mir liegt, das Leben entschieden
zu bejahen, dem Leben zu dienen.

Wenn ich das Leben wähle,
widerspreche und widerstehe
ich allem, was lebensverachtend,
lebensfeindlich und lebensverneinend ist.

Meine Wahl für das Leben
gibt mir festen inneren Halt,
trägt mich und prägt mein Verhalten.
So kann ich mich einsetzen für
Verhältnisse, wie Gott sie gewollt hat,
damit wir in Freundschaft mit ihm leben.

# Segen der Freude

Gesegnet sollst du sein
mit dem großen Glück,
dich freuen zu können
und andere Menschen
zu erfreuen mit dem,
was dich im Herzen freut.

Gesegnet sollst du sein
mit der reichen Gnade,
die bunten Farben der Freude
im Grau des Alltags zu
entdecken und andere
darauf hinzuweisen,
ohne aufdringlich zu sein.

Gesegnet sollst du sein
mit der großen Begabung,
mit der Heilkraft der Freude
im eigenen Herzen andere
zu bereichern, sie damit
zu berühren, damit sie dafür
aufmerksamer werden.

Gesegnet sollst du sein
mit der großen Kunst,
eigenes Glück in der Freude
eines anderen zu finden oder
die eigene Freude auch
vom Frohsinn anderer
nähren zu lassen.

# 5. Mit allen Sinnen

# Gesegnet

Gesegnet, wer es gut versteht,
für seinen Mitmenschen ganz Ohr
zu sein, so lange und geduldig
aufmerksam zuzuhören,
bis jemand sich ausgesprochen hat.

Gesegnet, wer damit begabt ist,
Worte zu finden und zu wählen,
die dem Nächsten zu Herzen gehen,
es tief berühren, ohne es zu verletzen,
die es aufatmen und aufschauen lassen.

Gesegnet, wer darin erfahren ist,
zur rechten Zeit das rechte Wort
im guten Ton zu sagen, um der
Wahrheit und der Gerechtigkeit
mehr Recht zu verschaffen.

Gesegnet, wer so geistreich ist,
mit seinen Worten Verstummte
ins Gespräch zu bringen,
Erstarrte zu bewegen,
Gekrümmte aufzurichten,
in sich Gefangene zu entbinden,
Blinden die Augen zu öffnen.

# Nur ein Wort

Mit einem Wort des Segens
sich freundlich begrüßen
und ebenso verabschieden.

Mit einem Wort der Anerkennung
einander Würde und Wertschätzung
entgegenbringen und Ehre erweisen.

Mit einem Wort des Lobes
zum Ausdruck bringen, dass wir
einander zu schätzen wissen.

Mit einem Wort des Dankes
einem Mitmenschen sagen, wie gut
es ist, dass es ihn gibt.

Mit einem Wort der Bitte
einander sagen, was man
voneinander erwartet.

Mit einem Wort des Friedens
einander vergeben und verzeihen,
wofür man sich zu entschuldigen hat.

Mit einem Wort des Vertrauens
einander Gott ans Herz legen.

# Jedes Wort wirkt

Ein wahres,
ein gutes,
ein heilendes Wort
wirkt wie ein Wunder.

Ein böses,
ein gemeines,
ein verlogenes Wort
richtet Schaden an.

Ein herzliches,
ein freundliches,
ein charmantes Wort
weckt gute Lebensgeister.

Ein übles,
ein giftiges,
ein schädliches Wort
führt ins Verderben.

Ein klares,
ein deutliches,
ein mutiges Wort
sorgt für Ordnung.

Ein bitteres,
ein kränkendes,
ein Schimpfwort
fügt Schmerzen zu.

Ein nützliches,
ein bergendes,
ein Liebeswort
spendet Segen.

Ein falsches,
ein trügerisches,
ein Unwort
bringt Unheil.

Ein lobendes,
ein dankendes,
ein fragendes,
ein suchendes,
ein bittendes,
ein hoffendes
Wort bringt das
Leben vor Gott
zur Sprache und
nimmt es ins Gebet.

# Segen kann

Übersehen kann man
ihn, den Segen, weil
er oft unscheinbar
im Hintergrund wirkt.

Zu mehr Gutem kann
er führen, der Segen,
wenn ich mich von
ihm ansprechen lasse.

Außer Acht lassen und
vergessen kann man ihn,
den Segen, weil er sich
nicht aufdrängt.

Langzeitwirkung kann
er entfalten, der Segen,
wenn man ihn wahr- und
beim Wort nimmt.

Heilende Kräfte kann
er in uns freisetzen,
der Segen, wenn er
uns beseelt.

Zu neuem Leben
kann er erwecken,
der Segen, wenn
man ihn zulässt.

Himmel und Erde,
Engel und Menschen
kann er verbinden,
der Segen, wenn ich
dafür offen bleibe.

# 6.
# Brücken bauen

# Wortbrücken

Wie oft schon hat mir ein einziges Wort nur
eine Brücke gebaut, über die ich dann einen
neuen Weg gefunden habe, einen Zugang,
wo vorher alles aussichtslos schien.

Wie oft schon hat mich ein gutes Wort nur
herausgeführt aus der Sackgasse und mir
einen hilfreichen Ausweg gebahnt,
den ich gut gehen konnte.

Wie oft schon hat mir eine wichtige Frage
einen Rettungsweg gewiesen, durch den
ich herausgehen konnte aus manchen
inneren Blockaden.

Wie oft schon hat mir ein Dankeswort
den Rücken gestärkt und mir Mut
zugesprochen, ohne den ich nicht
weitergekommen wäre.

Wie oft schon hat ein Wort des Gebetes,
ein Du-Wort Gottes an mich,
ein helles Licht entzündet,
das mir geholfen hat durch
schwere Dunkelzeiten hindurch.

# Dialog

Von Wort
zu Wort,
von Mensch
zu Mensch
spricht Gott
sich für und
bei uns aus.

Von mir zu dir,
von dir zu mir
keimt und wächst,
Wort für Wort,
Vertrauen und
Verstehen neu.

Im Dialog,
im Wechselwort,
im Fragen und
im Antwortspiel
geschieht das
Wunder der
Begegnung.

# Über wie viele Brücken?

Über welche und wie viele
Brücken bin ich schon gegangen,
werde ich noch zu gehen haben,
bis ich ankomme am Ziel
meines Lebens?

Auf welchen Brücken habe
ich schon gestanden und
werde ich wohl noch stehen,
bis ich am letzten Ende bin?

Welche Brücken habe ich
für wen gebaut und werde
ich noch zu bauen haben,
bis ich mein Lebenswerk vollende?

Über welche Brücken werde
ich gegangen sein, wenn mein
letzter Weg beginnt und ich
die Heimreise antrete?

Welche Brücke wird
mich über den Abgrund
des Todes heimführen,
heim ins ewige Licht?

# Segen öffnet

Wer auf Gott vertraut,
geht tapfer seinen
Lebensweg, auch
bei Gegenwind.

Wer nach Gott ausschaut,
wird einen klaren Blick
bekommen für die
Zeichen und Nöte,
Hoffnungen und Ängste
der heutigen Zeit.

Wer für Gott ansprechbar
bleibt, wird ein offenes Ohr
haben für die leisen
Stimmen und Töne,
Anfragen und Klagen
der Mitmenschen.

Wer sich von Gott
beschenkt weiß,
wird ein dankbares
und weises Herz
gewinnen für alle
Gaben, Gnaden
und Wohltaten.

# Kommt

Kommt, wir wollen neu beginnen,
uns auf Gottes Wort besinnen,
denn es ist uns Licht und Kraft,
stärkt uns auf der Pilgerschaft.

Kommt, wir wollen jetzt aufbrechen,
einander neuen Mut zusprechen,
Farbe wollen wir bekennen,
gut und bös beim Namen nennen.

Kommt, wir wollen Brücken bauen,
Gottes Geist uns anvertrauen,
stets nach seinem Willen fragen,
einen neuen Anfang wagen.

# Brückentage

So nennen wir Menschen manchmal
Tage zwischen Feiertagen; sie werden
von vielen gerne genutzt für eine Kurzreise.

Dabei können Tage immer zu einer Brücke
werden, die sich wie ein Bogen über
unser ruhiges oder bewegtes Leben spannt.

Jeder neue Tag verbindet mich mit so vielen
Menschen, die mir begegnen, die an mich denken,
die für mich beten oder auch an die ich denke
und für die ich bete.

An jedem Tag spannt Gott den bunten Regenbogen
seiner Treue über alle Schicksale und Abgründe
der Menschen auf dieser Welt.

Jeden Tag kann ich mich und andere daran
erinnern, dass ich unterwegs bin, um
unscheinbare Brücken zu bauen
von Mensch zu Mensch.

An jedem Tag kommt Gott mir in vielfältiger
Gestalt entgegen, um mir eine Brücke zu bauen,
um Kontakt aufzunehmen zu mir,
um mich zu bestärken im Guten.

# Wunder des Teilens

Leben entsteht
und besteht
in Pflanzen,
Tieren, Menschen
und allen Geschöpfen
durch Teilen.

Zellen teilen sich,
Freude teilt sich aus,
Gott teilt sich mit,
Menschen teilen
ihr Hab und Gut,
ihren Kummer,
ihr Leben,
ihren Glauben.

Aus dem mit-geteilten Wort,
dem aus-geteilten Brot,
dem geteilten Leben
wächst immer neu
die große Kraft
zum Hoffen und
zum Lieben.

# 7.
# In Gottes Gegenwart

# Zehn Zusagen Gottes

In die Lichtblicke deiner Hoffnung
und in die Schatten deiner Angst,
in das Geschenk deines Vertrauens
und in die Zwänge deines Alltags
lege ich meine Zusage: *Ich bin da.*

In das Dunkel deiner Vergangenheit
und in das Ungewisse deiner Zukunft,
in den Segen deines Wohlwollens
und in den Schmerz deiner Ohnmacht
stelle ich meine Zusage: *Ich bin da.*

In das Spiel deiner Fantasie
und in den Ernst deiner Gedanken,
in den Reichtum deines Schweigens
und in die Armut deiner Worte
flüstere ich meine Zusage: *Ich bin da.*

In die Schätze deines Staunens
und in die Narben deiner Enttäuschung,
in die Quellen deiner Zuversicht
und in die Dürre deiner Zweifel
gebe ich dir meine Zusage: *Ich bin da.*

In die Fülle deiner Aufgaben
und in die Leere deiner Unruhe,
in die Vielzahl deiner Begabungen
und in die Grenzen deines Vermögens
verspreche ich dir meine Zusage: *Ich bin da.*

In das Gelingen deiner Arbeit
und in die Langeweile deines Betens,
in die Freude deines Erfolgs
und in den Schmerz deines Scheiterns
schenke ich dir meine Zusage: *Ich bin da.*

In das Glück deiner Begegnungen
und in die Wüste deiner Einsamkeit,
in das Lied deiner Zuneigung
und in das Leid deiner Ablehnung
versichere ich meine Zusage: *Ich bin da.*

In die Zeiten deiner Klagen
und in die Stunden deiner Trauer,
in die Wunder deines Trostes
und in die Zeichen deines Mutes
bekräftige ich meine Zusage: *Ich bin da.*

In das Geheimnis deiner Zeit
und in die Kraft deiner Ruhe,
in die Gnade deines Tuns
und in den Segen deines Lassens
beteuere ich meine Zusage: *Ich bin da.*

In die Schönheit deiner Seele
und in die Tiefe deines Herzens,
in die Weite deiner Träume
und in die Enge deiner Grenzen,
in die Größe deiner Sehnsucht
und in die Wandlung deiner Not
erneuere ich meine Zusage: *Ich bin da.*

# Manchmal

... da kommt mir
Leben
so großartig,
so wunderschön,
so überreich vor.

... da erscheint mir
Leben
so ungeheuer,
so unberechenbar,
so ungerecht.

... da berührt mich
Leben
zutiefst,
erstaunlich,
erfreulich.

... da ängstigt mich
Leben
gefährlich,
bedrohlich,
tödlich.

... da überrascht mich
Leben
so beglückend,
so überwältigend,
so unsagbar schön.

# Ganz anders

Nicht verfügbar,
nicht messbar,
ganz anders,
geht Segen weit über
gewohnt gängige
Vorstellungen hinaus.

Nicht machbar,
nicht erzwingbar,
sondern will errungen,
erlitten, erstritten und
empfangen werden,
wie bei Jakob im
nächtlichen Kampf.

Nicht bezahlbar,
nicht zu verdienen,
sondern geschenkt,
vor jeder Leistung
auch in allem Scheitern,
einfach umsonst, wie
die Gnade an sich.

Nicht beweisbar,
nicht erklärbar,
wohl aber erfahrbar,
wie Gottes Geist, der weht,
wann und wo er es will.

Nicht bestimmbar,
nicht zu vereinnahmen,
wohl aber zu entdecken
und zu erkennen wie
so viele Spuren Gottes
im eigenen Herzen.

# Gott geht mit

Du gehst doch mit,
o Gott, auf den
vielen kurzen
und langen
Wegen des
Lebens?

Du gehst doch mit,
o Gott, wenn wir
gut vorankommen
und wenn wir
straucheln und
fallen?

Du gehst doch mit,
o Gott, wenn wir
neu aufbrechen,
um nicht stehen
oder stecken zu
bleiben in dem,
was wir
erreicht haben?

Du gehst doch mit,
o Gott, wenn wir
müde und erschöpft
einen guten Ort
suchen, an dem
wir uns endlich
ausruhen können?

Gut, dass du
mitgehst, o Gott!

# In guten und in bösen Tagen

In allem,
was heute geschieht,
ob gut oder böse,
schön oder ärgerlich,
richtig oder falsch,
wahr oder verlogen,
möge Gottes
Kraft und Segen
gegenwärtig sein.

Bei allem,
was ich heute
tue oder lasse,
beginne oder beende,
anpacke oder abgebe,
annehme oder aufgebe,
möge Gottes Hilfe
wirksam sein.

Durch alles,
was mich heute
erfreut oder betrübt,
ermutigt oder ängstigt,
erbaut oder beraubt,
stärkt oder ermüdet,
beflügelt oder lähmt,
möge Gottes Herrlichkeit
aufleuchten für mich.

# Segen

... kann ich spenden
wie Blut als
notwendige Lebenshilfe,
als Lebensrettung
in aller Lebensgefahr.

... kann ich aussprechen
wie Glückwünsche,
die man überreicht
wie Blumen oder
einen persönlichen Brief.

... kann ich teilen
wie die wertvolle Zeit,
wie mein persönliches
Interesse, mein Einfühlungs-
vermögen, meine Zuwendung.

... kann ich bewahren
wie einen kostbaren
Schatz, ein unbezahlbares
Geschenk, eine geniale
Entdeckung.

... kann ich erbitten
wie eine ersehnte Zusage,
wie einen gewünschten Gefallen,
wie einen wertvollen Dienst.

... kann ich empfangen
wie einen erfreulichen Besuch,
wie eine ausgestreckte Hand,
wie eine zärtliche Umarmung.

... kann ich weitergeben
wie eine gute Empfehlung,
wie eine persönliche Erfahrung,
wie einen besonderen Hinweis
auf die großzügige Art Gottes.

Will ich?

# 8.
# Mit Gelassenheit

# Einfach so

Die Augen schließen,
tief Luft holen,
kräftig ein- und ausatmen
und nur da sein,
sonst nichts.

Die Anspannung spüren,
mit dem Ausatmen loslassen,
was mich innerlich bedrückt,
das, was mich so sehr plagt,
mich entsorgen, indem ich
alles Gott überlasse.

Mir nicht den Kopf zerbrechen,
nicht die Zähne zeigen
oder zusammenbeißen,
mich nicht verhärten,
sondern die Stirn entspannen,
gute Gedanken fließen lassen,
entwickeln und aussprechen.

# Die Kunst, die Zeit zu ehren

Innehalten, auch wenn das Tempo
unserer Zeit immer noch schneller
und rasanter zu werden scheint,
höchstgeschwindigkeitsgefährlich,
mit ungeheuerlichen Folgen.

Innehalten, im Strom der Zeit,
eine Atempause einlegen, um
nicht mitgerissen zu werden
von den sintflutartigen Wellen,
die wie ein Tsunami alles
verschlingen.

Innehalten, um von der
stark befahrenen Überholspur
auf die Kriechspur zu kommen,
umschalten, langsamer
fahren, ruhiger werden,
sich Zeit lassen.

Innehalten, innerlich anhalten,
das »Stopp-Schild« erheben,
einen Punkt oder sogar einen
Doppelpunkt machen, einen
dicken Gedankenstrich.

Innehalten, der Einladung
Jesu folgen, den einsamen
Ort aufzusuchen, wo ich
mit ihm allein bin
wo ich endlich ausruhen kann,
wo ich bei ihm
meinen Seelenfrieden finde,
meine Herzensruhe.

# Im Namen Gottes

Im Namen Gottes
berührt mich sein
tiefes Schweigen,
höre ich auf die
leisen Verheißungen
seiner Treue, trotz
der Lautstärke des Tages.

Im Namen Gottes
habe ich Heimat
und bleibendes
Wohnrecht
bei allem, was mir
fremd werden kann
oder wo ich mich ihm
so fern fühle.

Im Namen Gottes
trägt mich ein stabiles
Fundament und eine
gute Grundlage,
sodass ich getrost,
gelassen, ja sogar heiter
bleiben kann, obwohl
mich manches verunsichert.

Im Namen Gottes
finde ich Zuflucht und
besten Schutz vor all dem,
was mich bedrängt
und bedroht, was mich
erschreckt und ängstigt.

Im Namen Gottes
bergen mich die
Zusagen seiner Liebe,
fordern mich die
gestellten Anfragen
seines oft so ganz anderen
Denkens und Handelns.

Im Namen Gottes
sind mir heilende
Kräfte geschenkt,
alle Gnaden gegeben,
die mein Herz immer
wieder neu beleben
und erheben, läutern,
erfrischen und erfreuen.

# Zwischenraum

Eine Atempause mitten
im Gedränge oder der
Leere des Alltags kann
ein nötiger Zwischenraum
werden, der mich schützt,
mir einen Freiraum schafft.

Ein Augenzwinkern unter
vielen flüchtigen und gehetzten
Blicken kann für mich zum
Ruhepol und guten Zwischenraum
werden, der mir einfach guttut,
mich beruhigt und bestärkt.

Eine kurze Stille in allem
Lärm, der um mich herrscht,
kann für mich zu einer Oase
in der endlosen Wüste werden,
zu einem heilsamen Zwischenraum,
der mir wortlos hilft.

Ein kleines Kompliment bei
noch so viel Nörgelei und
Geschimpfe kann für mich
eine große Wohltat werden,
ein belebender Zwischenraum,
der mich tröstet und belebt.

Ein Stoßgebet oder auch
ein Stoßseufzer kann für
mich zur Befreiung werden,
zu einem Zwischenraum,
der mich in die Tiefe und
in neue Weite führt.

# Alles

Altes und Neues,
Schönes und Schweres,
Gutes und Böses,
alles – und dich in allem –
will ich empfangen
und bereitwillig
annehmen.

Dunkles und Helles,
Zeiten und Fristen,
Alltag und Festtag,
alles – und dich in allem –
will ich suchen,
ehren und feiern
mit dir.

Worte und Zeichen,
Bilder und Klänge,
Träume und Wunder,
alles – und dich in allem –
will ich erkennen,
beachten mit ihrer Botschaft
und Verheißung an mich.

Glück und Schmerz,
Freude und Leid,
Stunden und Tage,
alles – und dich in allem –
will ich achten und ehren,
denn sie kommen von dir
und führen letztlich zu dir.

# So viel Segen

Auf Schritt und Tritt,
dein Leben lang,
möge der Segen
deines Gottes
dich begleiten
und beflügeln.

In Hülle und Fülle,
voll und ganz
möge die Hand
deines Gottes
dich beleben
und bewahren.

Bei Tag und Nacht,
zu jeder Zeit,
immerfort
möge die Treue
deines Gottes
dich beseelen
und behüten.

Im Wechsel von
Schatten und Licht
möge die Herzensgüte
deines Gottes dich stets
bedenken und beschenken.

Hier und dort,
an jedem Ort,
allüberall
möge die Segensfülle
deines Gottes dich
umgeben und bewegen.

# 9. Hier und heute

# Begrüße den Tag

Begrüße den Tag,
wo immer, wie immer
du ihn beginnst
mit einem freundlichen
Lächeln, mit einem
wohlwollenden Blick.

Begrüße den Tag,
dort, wo du gerade
stehst und gehst,
um ihn lieb zu gewinnen
und wertzuschätzen.

Begrüße den Tag,
um den Menschen gut
zu begegnen, die dich
da und dort erwarten, die
heute auf dich zukommen.

Begrüße den Tag,
damit du dich ihm
zustimmend zuneigen
kannst und all dem,
was du heute zu tun hast.

Begrüße den Tag,
weil er ein wichtiger Teil
deines Lebens ist, das dir
von deinem Schöpfer
zugedacht und anvertraut wird.

Begrüße den Tag,
lobe ihn und Gott,
schon vor dem Abend
mit offenen Armen
und von ganzem Herzen.

# Was bleibt

Die Zeiten eines Tages,
vom frühen Morgen
bis spät in die Nacht.

Immer kommt ein Tag
aus dem Schoß der Nacht
und kehrt dahin zurück,
wie der Mensch, wenn
er das Licht der Welt
erblickt und wenn er am
Ende seines Lebens stirbt.

Wie der Tag, so wird
auch der Mensch geboren
aus dem Mutterschoß der Nacht,
dem Urgrund, dem Geheimnis.

Wie das Leben,
wie die Zeit,
wie der Mensch
kommt und geht
alles, entsteht und
vergeht auch alles –
Gott allein bleibt.

Die Liebe bleibt,
die liebende Seele
bleibt, weil Gott
in ihr wohnt.

Alles, was aus
Liebe geschieht,
bleibt für immer
und ewig.

Gott bleibt
in seiner Liebe
ewig gegenwärtig.
In seiner Liebe
will ich bleiben.

# Gottes Geleit

Geleite und begleite,
du, o Gott, alle,
die auf der Suche sind
nach Sinn und Ziel,
nach wirklich wahrem
Leben.

Führe und beschütze,
du, o Gott, alle,
die unterwegs sind
als Pilger oder Touristen
zwischen verschiedenen
Welten und Kulturen.

Stärke und bewahre,
du, o Gott, alle,
die täglich ihr Kreuz
auf sich nehmen, um
deinem Sohn damit
nachzufolgen.

Lenke und bestärke,
du, o Gott, alle,
die Schritte wagen und
gute Wege suchen,
um die Not zu lindern,
Leid zu mindern,
Trauernden beizustehen,
Verzagte aufzurichten.

Erleuchte und beseele,
du, o Gott, alle,
die am Rande oder
im Schatten stehen,
alle, die am Ende sind,
damit sie sich neu trauen,
nach dir auszuschauen,
auf deine Hilfe zu bauen.

# Segenswünsche

Allen Segen des Himmels
wünsche ich dir, damit du
sehen kannst, wo er sich
dir öffnet, sich göttlich
ausschenkt und dich
reich bedenkt.

Allen Segen der Engel
wünsche ich dir, damit
du sie erkennst, wenn
sie dir begegnen, dich
schützend umfangen
und bewahren.

Allen Segen der Erde
wünsche ich dir,
damit du auf ihr
deinen Platz findest,
damit du mitwirken
kannst, ihr Angesicht
zu erneuern und
menschenwürdiger
zu gestalten.

Allen Segen der Menschen
wünsche ich dir,
damit du sie so sein lassen
kannst, wie sie sind, sie
als deine Schwestern und
Brüder sehen und schätzen
kannst und in deinem Herzen
bewahrst, was sie dir anvertrauen.

Allen Segen deines Gottes
wünsche ich dir,
damit du ihn immer
noch leidenschaftlicher
suchen und ehren kannst
als das unergründliche Du
deines und allen Lebens.

Allen Segen
des Einfachen
im Wunderbaren
und des Wunderbaren
im Einfachen
wünsche ich dir –
tagtäglich neu.

## So oder so

Einsilbig,
kurz,
schwach,
arm,
erbärmlich
kann sie werden,
unsere Sprache.

Befreiend,
erhellend,
wohltuend,
heilsam
können wir es
aussprechen,
unser Wort.

Mühsam,
schwerfällig,
schlagfertig,
unbeholfen,
ungenügend
kann sie wirken,
unsere Sprache.

Erfrischend,
köstlich,
nachhaltig,
sinnvoll,
wunderbar
können sie
klingen,
unsere Worte.

Welch hohes Gut
hat uns der Schöpfer
anvertraut, als er uns
mit Sprache begabt hat,
damit wir sie in seinem
Sinne schätzen und nützen,
schützen und pflegen.

# Gott möge segnen

Gott möge segnen
jedes geschenkte Wort,
jedes bereitwillige Ohr,
jeden lachenden Mund,
jedes wachende Auge,
jedes hörende Herz.

Gott möge segnen
jeden Augenblick Glück,
jede Träne der Wehmut,
jeden freundlichen Gruß,
jede herzliche Umarmung,
jede zärtliche Geste.

Gott möge segnen
jede entdeckte Freude,
jedes vergebene Unrecht,
jeden erlittenen Nachteil,
jede Bitte um Vergebung,
jeden Heimweg der Umkehr.

Gott möge segnen
jedes Lied der Klage,
jedes gewährte Erbarmen,
jedes dankbare Gedenken,
jede Form des Gebetes,
jede getane Arbeit.

Gott möge segnen
jede mutige Frage,
jeden Ruf der Hilfe,
jede vergebliche Mühe,
jeden Schrei in der Not,
jeden gesagten Dank.

Gott möge segnen
jeden neuen Anfang,
jedes gekommene Ende,
jede glückliche Geburt,
jedes erlittene Sterben,
jeden Hinweis der Auferstehung.

# 10.
# Mit Vertrauen

# Allen Segen

Gott, spende du uns
allen Segen des Himmels
und der Erde, damit wir
Menschen einander
mit hoher Achtung,
in größter Ehrfurcht,
mit höchster Würde
begegnen.

Gott, sende du uns
deine heiligen Engel,
damit sie uns begleiten
und behüten auf allen
unseren Wegen in den
vielfachen Gefahren
und Bedrohungen für
Leib und Seele.

Gott, schicke du uns
deinen guten, heilenden
und tröstenden Geist,
damit wir von ihm
berührt und bewegt
seine Zeugen sind
und zeigen können,
dass wir deines großen,
schöpferischen und
befreienden Geistes
Kinder sind.

# Worte voller Leben

Der Atem – der Sinn
die Gnade – der Weg
die Geburt – der Tod
der Ursprung – das Ziel

Der Anfang – das Korn
das Ende – das Mahl
die Menschen – das Brot
die Freunde – der Wein

Der Himmel – das Licht
die Erde – die Nacht
die Engel – das Herz
die Liebe – der Schmerz

Die Ohnmacht – die Kraft
das Leiden – das Kreuz
die Seele – der Leib
die Freude – das Fest

Die Bitte – der Dank
die Schöpfung – das Lob
die Nahrung – der Trank
die Heimat – das Haus

Die Wurzeln – der Grund
der Vater – die Mutter
die Herkunft – die Zukunft
das Gestern – das Heute

Das Leben – der Baum
die Sehnsucht – der Traum
die Zeichen – der Raum
die Landschaft – die Zeit
Gott in allem

✳

# Reich beschenkt

Immer wieder
beschenkst du mich,
o Gott, und lässt
Bilder, Gedanken,
Erinnerungen in mir
aufsteigen, die meine
Seele beflügeln.

Immer wieder
bestärkst du mich,
o Gott, und schickst
mir einen Engel,
der mit mir schweigt
und spricht, lacht
und auch weint.

Immer wieder
beschämst du mich,
o Gott, und lässt
mich erkennen,
wie klein mein
Vertrauen oft ist,
obwohl du doch
alles für mich tust.

Immer wieder
bedenkst du mich,
o Gott, und sorgst
so gut für mich,
damit ich mich
nicht fürchte
vor all dem,
was auf mich
zukommt.

# Wer spricht das Wort?

Die vielen großen und kleinen Wörter,
die Vor- und Fürwörter,
die Wider- und Gegenworte
und das eine wahrlich not-wendige Wort,
wer spricht es?

Die vielen schönen,
leider manchmal auch leeren Worte,
die demütig wirksamen
und so hilfreichen Worte,
die wahrhaft sinnvollen Worte,
von denen wir leben, wer hört sie?

Die vielen Wortgefechte,
Behauptungen und Haarspaltereien
um leere Worte, die Rechthabereien,
die Wortverdrehungen,
wer stellt die Frage,
die weiterführt?

Die vielen Wortschlachten,
Schuldzuweisungen,
die gejagten Sündenböcke,
die Unterstellungen, Missverständnisse,
Verleumdungen und Verurteilungen,
wer findet ein besseres Wort?

Wo ist das Wort,
das aufatmen lässt,
das befreit und beflügelt,
das aufrichtet und die Gnade
vor dem Recht ergehen lässt?

# Auf Segen besinnen

Sich auf das
besinnen, was
der Segen
vermag,
auch wenn
er kein
Allheilmittel,
aber doch ein
nahrhaftes
Lebensmittel
ist.

Mich auf das
berufen, was
der Segen
erreicht,
auch wenn
er nicht
einfach
alles
verändert.

Sich auf das
verlassen, was
der Segen
bewirkt,
auch wenn
es oft
unsichtbar
bleibt,
wie so vieles.

# Gott wartet auf mich

Suchen und Warten
ist oft anstrengend,
kostet viel Geduld,
braucht langen Atem.

Gott wartet schon lange
und immer neu auf mich,
sucht mich, sehnt sich
sehr nach mir.

Warten können kostet
viel Kraft, die sich in
der Ohnmacht erweist,
in der man nichts tun kann.

Gott kann viel länger
auf mich warten als
ich auf ihn. Er hat
unendlich viel Geduld.

Jede wahre Liebe
geschieht immer in
der Geschichte einer
großen Geduld.

Gott wartet andauernd,
ausdauernd, liebevoll,
geduldig auf mich, bis
ich heimkehre zu ihm.

Welch ein Segen!

# 11. Bitten und beten

# Segensreich

Welch besonderes
Kompliment, welch
hohe Auszeichnung,
wenn von einem
Menschen gesagt
wird, sein Dienst,
seine Arbeit war
segensreich.

Was für ein
wertvolles und
sinnvolles Merkmal,
was für eine schöne
göttliche Gabe,
wenn Menschen
füreinander ein
reicher Segen sind.

Welch große Gnade,
welch eindeutig vielstimmiger
Dank, welch guter Abschied,
wenn ich am Ende
meiner Tage sagen
kann, mein Leben
war reich gesegnet.

# Jeden Tag

Jeden Tag
schenkst du mir
einen neuen Morgen,
damit ich wieder anfange,
aus den Quellen der Freude
zu schöpfen.

Tag für Tag
lässt du die Sonne aufgehen
über der einen Erde, um mir
einen Strahl deines göttlichen
Lichtes bis auf den Grund
meines Herzens zu legen.

Jeden Tag
findest du Wohlgefallen
an mir und überraschst
mich mit deinen Einfällen,
damit ich darüber staune
und mich wundern kann.

Tag für Tag
findest du ein gutes Wort
für mich, um es mir mitzugeben,
damit ich im Gespräch bleibe
mit dir und den Menschen.

Jeden Tag
lässt du es Abend werden
und die Sterne am nächtlichen
Himmel leuchten, damit ich
durch sie hindurch aufschaue
zu dir.

Tag für Tag
führst du mich in die Ruhe
der Nacht, um auch in der
Finsternis des Lebens mein
wahres göttliches Licht zu sein
und bei mir zu bleiben.

# Beherzt beten

Beim Beten nicht plappern,
keine künstlichen Worte machen,
nicht »mundwerken«, sondern
ganz einfach das Herz zu Gott
erheben, es aufgehen lassen,
um es bei ihm auszuschütten.

Beim Beten keine halbherzigen
Lippenbekenntnisse ablegen,
sondern aus tiefstem und
von ganzem Herzen Gott
anvertrauen, was ich alles
auf dem Herzen habe.

Beim Beten nicht pausenlos
noch gnadenlos fromme Sprüche
aufsagen, sondern tief Luft holen,
endlich aufatmen können, um
freier zu atmen, um neue
Seelenkräfte zu schöpfen.

Beim Beten sich nicht kleiner
noch größer, nicht besser noch
schlechter darstellen müssen,
sondern die zu sein, die wir sind
in unserer Würde und Sünde,
mit unserer Bitte um viel Erbarmen.

Beim Beten sich nicht mit anderen
vergleichen noch auf sie schielen,
sondern zu sich selbst stehen,
die je eigene Verantwortung
wahrnehmen, die ich vor Gott für
meine Nächsten und mich habe.

Beim Beten keine Selbstrechtfertigung
abgeben, mit Gott keinen Kuhhandel
treiben, sondern ihm Zeit schenken und
sich lassen, ihm Ehre erweisen und sich
von ihm sagen lassen, worauf es ankommt,
sich von ihm helfen und stärken lassen.

# Segen erbitten

Segen erbitten wir
in dieser Stunde
für Frohnaturen und Lebensmüde,
für Beschwingte und Gehemmte,
für Glückliche und Unglückliche.

Segen wünschen wir
an diesem heutigen Tag
Wortgewandten und Sprachlosen,
Tapferen und Ängstlichen,
Tüchtigen und Zögerlichen.

Segen erhoffen wir
in dieser unserer Zeit
für Eilige und Langsame,
für Hoffnungs- und Bedenkenträger,
für Einsatzfreudige und Zurückgezogene.

Segen ersehnen wir
in diesen Worten
für Gottes Kinder
in allen Ländern und Völkern,
in allen Sprachen und Nationen,
in allen Kulturen und Religionen.

Segen erflehen wir
in diesem Gebet
für Gottes Schöpfung
für Wachsen und Reifen,
für Gelingen und Gedeihen,
für Aufblühen und Absterben.

Segen brauchen wir
in dieser unserer Welt,
damit wir im Haus der
einen Erde alle Lebensmittel
und Lebensräume in Zukunft
viel gerechter verteilen als bisher.

# Blick-Kontakt

Blicke haben ihre
eigene Sprache.
Sie können freundlich
zulächeln, können
Wärme und Wohlwollen
ausstrahlen.

Sie können aber auch
Gegenteiliges bewirken.
Sie können Angst verbreiten,
Schrecken einjagen, können
abwürgen, verächtlich machen,
strafen, ja sogar töten.

Wer ich bin,
hängt immer auch
damit zusammen,
wer mich anschaut,
ob ich gesehen werde,
Ansehen bekomme.

Gott schaut sich
nach mir um,
schaut nach mir aus,
schaut mich an
mit guten Augen,
mit einem Blick
voller Liebe.

So bin ich
wertvoll,
liebenswert,
vor aller Leistung
und mit meinem
Versagen.

# 12.
# In Erwartung

# Am Ende eines Tages

Den Tag verabschieden
und zur Ruhe bringen,
wie ein Kind, das man
ins Bett bringt, damit
es gut schlafen kann.

Den Tag bedenken
und mich für das Gute
bedanken, das er mir
gebracht und geschenkt hat,
damit ich nicht vergesse,
dass nichts selbstverständlich ist.

Den Tag loslassen
und hinter mir lassen,
was hinter mir liegt,
um mich für die
kommende Nacht zu bergen
im verborgenen Du Gottes.

Den Tag abschließen
und gut beschließen,
im Vertrauen darauf,
dass auch im Dunkel der Nacht
Gottes Treue bei mir wacht.

# Zehn Fragen von mir

Hast du diese deine Zusagen
auch mir gegeben,
mir versprochen,
mir mitgegeben
auf meinen Weg?

Gelten deine Zusagen
auch all denen,
die sie derzeit
nicht hören
noch glauben
können?

Bleiben deine Zusagen
bestehen, wenn mich
der Mut verlässt, wenn
ich versinke, mich
verlaufe, mich verirre?

Schenkst du deine Zusagen
heute und immer wieder neu
all denen, die sie besonders
brauchen, die sie schmerzlich
entbehren und vermissen?

Wie kommen deine Zusagen
zu Wort bei denen, die
taub und verstummt sind,
weil ihnen zu viel Böses
zu Ohren gekommen ist?

Wo kommen deine Zusagen
zum Vorschein bei denen,
die blind oder verblendet
sind durch die vielen
Lug- und Trugbilder?

Wann erleuchten deine Zusagen
das Dunkel meines Herzens
und werden mir zum Licht,
das mich stärkt und erfreut,
das mich heimbringt zu dir?

Wer hilft mir, deine Zusagen
neu zu buchstabieren,
wenn ich sie vergessen habe,
wenn sie untergegangen sind
in meiner Geschäftigkeit?

Wem kann ich deine Zusagen
in Erinnerung rufen,
sie neu ans Herz legen,
damit es aufblühen kann
und wieder zu Kräften kommt?

Für wen will ich deine Zusagen
neu erbitten, damit sie
zu Schlüssel- und
Wandlungsworten werden,
die sich bewahrheiten,
in Erfüllung gehen
und bewähren?

# Ein Leben lang

Wir wohnen im Wort,
das wir hören und suchen,
das wir wählen und geben,
das wir schenken und teilen,
das wir sprechen und singen,
im Herzen tragen und
zum Ausdruck bringen.

Wir wachsen mit dem Wort,
das wir sagen und schreiben,
das wir finden und feilen,
das uns anvertraut,
aber auch zugemutet wird,
das uns fördert
wie fordert.

Wir werden alt mit dem Wort,
das uns schon lange meint,
das uns trifft und betrifft,
das uns bekannt und vertraut ist,
das uns fremd und neu ist,
das in uns träumt und erklingt,
das in uns lauscht und erwacht.

Wir reifen durch das Wort,
das uns angeht,
das uns freispricht,
das uns in Pflicht nimmt,
das uns prüft und läutert,
das uns anstrengt und begnadet,
das uns beruhigt und aufweckt.

Wir bringen Frucht aus dem Wort,
das uns stärkt und befähigt,
durch das wir heilen und segnen,
auf das wir uns einlassen und verlassen,
in dem wir bleiben und verwurzelt sind,
das uns mit Gott verbindet und verbündet,
in dem wir verwandelt werden.

# An Gottes Segen

... ist alles gelegen,
wie es einem oft
erst viel später
bewusst wird.

... haben sich viele
kleine Lichter
entzündet, die zu
starker Hoffnung
geführt haben.

... sind viele kleine
Quellen entsprungen,
die zu schöpferischer
Herzenslust befähigen
im Trott des Alltags.

... haben sich viele
neu erfreut, denen
man die Freude verdorben
hatte oder denen sie
verloren gegangen war.

... hat sich manch einer
erinnert, der in seiner
Not einen Fingerzeig
von oben, eine
spürbare Ermutigung
bekommen hat.

... haben sich viele
neu aufgerichtet,
um erhobenen Hauptes
ihren Weg weiterzugehen,
die vorher ihren Kopf
haben hängen lassen.

# Alles Gott überlassen

Die gute alte Zeit mit
ihrem Reichtum und
ihrer Armut, mit ihrer
Fülle und Dürre, ihrer
Leere und Fruchtbarkeit
im Rückblick
noch einmal segnen
und Gott überlassen.

Die schönen und schweren
Zeiten, mit ihrem Glück und
ihrem Schmerz, ihren Gnaden
und ihrer lieben Not, die Stunden
der hellen Freude und die
Tage der dunklen Schatten
des gegangenen Weges
noch einmal segnen und
hinter mir lassen.

Die Vergangenheit
und die Zukunft,
die Jetzt-Zeit
der Gegenwart
von Gott empfangen,
ihm verdanken,
mit ihm teilen,
verbinden und
in seinem Namen
bejahen und segnen.

# Letzten Endes

Worauf kommt es an,
wenn ich am letzten Ende
angekommen bin?

Was wird dann gelten
und was bleiben,
wenn mich alles verlassen wird?

Wie wird es sein,
wenn ich die letzte Wegstrecke
gehe und das Zeitliche segne?

Was wird mich erwarten,
wer mich empfangen,
wenn ich sterbe?

Letzten Endes bleibt,
so hoffe und glaube ich,
ein großer Segen,
eine ewige Glückseligkeit,
eine göttliche Vollendung,
ein liebender Gott.

# Der Autor

Paul Weismantel, geboren 1955, Priesterweihe 1981, zusätzliche Ausbildung in Supervision, Exerzitienarbeit sowie geistlicher Begleitung. Seit 1999 ist er der Leiter des Referates Geistliches Leben in der Hauptabteilung Seelsorge des Bistums Würzburg und seit 2008 auch Spiritual am Priesterseminar in Würzburg. Er hält viele Gespräche, Vorträge, Kurse und Exerzitien. Der Autor einiger Veröffentlichungen im Bereich Spiritualität, Meditation und Gebetstexte ist immer neu auf der Suche nach einer menschlich geistlichen Sprache, die das Herz des Menschen berührt und erhebt, stärkt und tröstet.

Bildnachweis: Titelbild: © photocase.com/Pieps; S. 8/9: © photocase.com; S. 22/23: © photocase.com/Hochwurzen; S. 36/37: © aboutpixel.de/Ralf Nitschke; S. 48/49: © photocase.com/hannoverconny; S. 60/61: © photocase.com/misterQM; S. 68/69: © photocase.com/chriskuddl; S. 78/79: © photocase.com/unclesam; S. 92/93: © photocase.com/Dreamworker; S. 106/107: © photocase.com; S. 120/121: © photocase.com/jornorator; S. 134/135: © photocase.com/designritter; S. 146/147: © photocase.com/sijole



2. Auflage 2019 der aktualisierten Neuausgabe
Die Erstausgabe erschien 2012 im Verlag Katholisches Bibelwerk GmbH

Gesamtgestaltung: Finken & Bumiller, Stuttgart
Druck: Finidr s.r.o., Český Těšín, Tschechische Republik

www.bibelwerk.de
ISBN 978-3-96157-020-1
Auch als E-Book erhältlich unter ISBN 978-3-96157-991-4